JN425060

단맛 뜸들이는 찬바람

김동호 시인은 1934년 충북 괴산에서 출생했다. ≪현대시학≫으로 등단하였으며, 시집으로 『바다』, 『꽃』, 『피뢰침 숲 속에서』, 『詩山 일기』, 『老子의 산』, 『나는 네가 좋다』, 『壺壺의 집』, 『나의 뮤즈에게』, 『오현금』, 『낙엽이 썩어 암실은 총천연색』, 『배꼽 은반』, 『수리산 연작』이 있다. 성균문학상, 시인들이 뽑는 시인상을 수상했으며, 성균관대학교 명예교수이다.

e-mail : kimdongho66@hanmail.net

리토피아포에지 · 69
단맛 뜸들이는 찬바람

인쇄 2017. 10. 25 발행 2017. 10. 30
지은이 김동호 펴낸이 정기옥
펴낸곳 리토피아
출판등록 2006. 6. 15. 제2006-12호
주소 22162 인천 남구 경인로 77(숭의3동 120-1)
전화 032-883-5356 전송 032-891-5356
홈페이지 www.litopia21.com 전자우편 litopia@hanmail.net

ISBN-978-89-6412-090-3 03810

값 10,000원

이 도서의 국립중앙도서관 출판예정도서목록(CIP)은 서지정보유통지원시스템 홈페이지(http://seoji.nl.go.kr)와 국가자료공동목록시스템(http://www.nl.go.kr/kolisnet)에서 이용하실 수 있습니다.(CIP제어번호: CIP2017016154)

김동호 시집

단맛 뜸들이는 찬바람

리토피아
LITERATURE & UTOPIA

시인의 말

이 시집이

한 편의 시로 읽혀졌으면.

2017년 가을

김동호

차례

제1부 까까중의 까?까?까?

제2부 사랑, 가나다라마바사

제3부 그림 '희로애락'

제4부 고구마 君에게

| 제1부 |

까까중의 까?까?까?

고단백질 고속열차

조금이라도 남보다 빨리 가기 위해
떠밀고 밀치고 새치기--

그러나 종착역만은
조금이라도 남보다 늦게 가기 위해
고단백질 보양식 많이 먹고
멸종위기의 동식물 많이많이 먹고
보통사람은 들어보지도 못한 송치 애저
심지어는 황구렁이 능구렁이 알까지
호록- 마시더니 아- 야속하여라

치닫는 고속 관성 이기지 못해
종착역도 남보다 빨리 당도해 버리네

지카바이러스 내시경

매콤한 홍어찜 안주로
카츠 한 잔 카- 하노라면
집요하게 달려 붙는 날파리들
방충제 살충제 無時 살포로
파리 모기들 거의 자취를 감췄는데
그들보다 크게 작은 이 놈들은
어떻게 죽지 않고 살아남아
감히 만물의 영장의 식탁을 넘볼까
눈에도 보이지 않는 놈들의 눈코가
궁금하다 못 해 무섭기까지 하다

공해 날로 심해가는 지구촌
기후이변으로 신종 바이러스
폭발적으로 늘어나고 있는 지구촌
만물의 영장 날로 왜소화 가는 지구촌

최후 생존자는 인간이 아니라
인간의 뇌를 작게 만드는
小頭症 발병균 같은
미물들일 거란 생각이 문득 들어
지카바이러스-내시경으로
내 命 곳곳을 살펴본다

鍂사장

鍂사장 집 숲, 사철 무성해서
한겨울 햇볕 들어올 틈이 없다는
사람들 있지만 부질없는 소리
겨울을 모르는 숲인데--

그러나 궁금한 것이 있다
뱀의 침입 막기 위해
세모시 철망까지 두른 明堂에
어떻게 뱀이 들어갔을까

소문에 의하면 뱀의 번식
하 빨라 지하가 거의 그들의
소굴이 되어 있다고 한다

걱정이 된다

〉

銓사장 지금 저들에게

완전히 포위되어있는지도 모른다

가장 맛없는 밥

이 세상에서
가장 맛없는 밥은
식욕이 외길로만 나 있어
광활한 침샘이 말라버린
속칭 우량아들의 밥 같다

주로 창고 속에 오래 재워둔
高價 밀폐식품들

재벌 이세 삼세들 중에는
신선한 것 한 번도
먹어보지 못 하고 이 세상
끝맺는 이들도 있다

어떻게 그런 군내 나는 것을
인생 최고의 맛으로 알고

일생을 살아가는지, 어린왕자는

궁금해서 죽겠단다

'주어라, 무조건 주어라'

'주어라. 조건 없이 주어라'
이 말, 羊이 했다면 젖이지만
늑대가 했다면 死藥이다

사냥해서 먹고 살던 시대는
지난 것 같다
사육해서 먹고 사는 시대
주는 것만 마냥 받아먹고
무럭무럭 잘 자라는 우량아들을
늑대는 무척 좋아한다

신식민주의新植民主義 시대
늑대의 사육법을 따르는 무리가
날로 늘어나고 있다
여우 살쾡이 개코-원숭이가
그의 사육법을 열심히 배우고 있고

오소리 잡것들이 그 뒤를

바싹 따르고 있다

'名判' 기업

법률 미꾸라지들 TV에서 보며 생각한다
거짓말 가르치는 곳이 법과대학일까
후안무치 수련시키는 곳이 사법연수원일까
메슥메슥 메스꺼움에 어지럽기까지 하다가
다른 한 장면에 눈이 번쩍 뜨인다
피의자신분으로 법정에 끌려나온 한 젊은 엄마
새끼 이야기만 나오면 눈물 질질 法廷이
法庭이 되어 범죄사실 순순히 다 고백한다

법정의 두 얼굴 앞에
온종일 나의 절망과 희망이 왔다 갔다 한다

神權 王權 이어받은 막강한 힘, 法權
法權이 金權과 손을 잡고 名判기업을 차렸다
'유전무죄 무전유죄'
정의의 철퇴가 솜방망이가 된다

솔로몬의 지혜가 도깨비 방망이가 된다
단백질 비타민 미네랄--고루 갖춰 잘 빚은
家族法이 바람 든 무가 된다

어떤 법관은 하 부끄럽고 무서워
法廷을 버리고 法堂으로 도망가 중이 되었단다

'仁術' 기업

火傷, 견딜 수 없게 아프지만 무간지옥은 아니다
안 아픈 시간이 그래도 조금은 더 길다. 삼한사온처럼.
그 틈새를 비집고 들려오는 이웃들의 따뜻한 위로가
고마우면서도 따끔하다. 금침 은침 동침처럼

"아파야 하오. 아파야 빨리 나요"
"아파야 어서 빨리 아픔에서 벗어나야겠다는 心智가
세포들 사이에서 생겨나요"
"새 살 돋게 하는 데는 아픈 세포들의 궐기가 최고에요"

이들이 진짜 히포크라테스가 아닐까
어마어마하게 비싼 영상진단으로 주눅이 든 촌닭들을
알아들을 수 없는 꼬부랑-말로 또 겁주며
인공뇌로 무장한 듯한 무표정의 21세기 히포크라테스들

촌닭들이여, 꼬부랑 말 모르는 것 차라리 다행으로 여기자 그 말 풀이하면 대략 이런 뜻이다. '우리 몸은 고도로 복잡한 기계라서 유지관리 하는데 비용 많이많이 든다'

'신여성' 株

식당이고 백화점이고
놀이마당이고 남자들은
가뭄에 콩 나듯 몇
거의가 여자들이다
이들 속에 끼여
여성천국의 소리를 들어본다

'남자가 여자를 먹는다는 말
본래 말이 안 되는 소리지만
요즘은 더욱 말이 안 되는 소리지요
남자는 개구리이고 여자는 뱀이에요
뱀이 개구리를 삼키는 것이지
어떻게 개구리가 뱀을 삼켜요'

농담으로 한 소리라지만
이런 소리 스스럼없이 하는

21세기 新여성들을 보면

얇은 입술 一字 입이 뱀을 닮았다

速成양계장 병아리들

어린것들이
한 뼘 남짓한 독방에 갇혀
방부제 든 먹이 배가 터지도록
먹고 있는 것 보면 가슴이 아프다

성장 홀몬 든 高額간식
볼이 찢어지도록 먹고 있는 것
보고 있으면 가슴이 아리다

速成사료가
얼마나 무서운 것인지도 모르고
휘황찬란한 불빛 아래 밤새도록
냠냠하고는 아침에 구정물 삼키며
'하나님 감사합니다' 기도하는 것
보고 있으면 가슴이 저리다

富村 사람들

배가 터지면서도
늘 배고프다고 한다
큰 집에 살면서도
늘 집이 좁다고 한다

제 뜻만 있고
남의 뜻은
까뭉개져 있어
웃자란 송곳니에
혀를 자주 찔린다

날개가 배에 붙어있어
실제로는 기고 산다

'창 넘어 도망간 백세노인' *

백세노인, 알란 엠마뉴엘 칼손 翁이
그의 생일을 축하해주기 위해 마련된
행사장을 피해 도망친 이야기가
지구촌의 화제가 되고 있다
얼마나 虛禮가 싫었으면 도망을 갔을까
식장에 나타날 명사들의 면면이
얼마나 역겨웠으면 老軀를 무릅쓰고
높은 창을 뛰어 넘어 도망을 갔을까
翁을 도망케 한 꼴불견들을 그려본다

위장술에 능한 사랑의 전도사들

배가 터지면서도 배가 고프다고 우는 헛배들

적敵은 가까이 있다며

이웃사촌부터 미워하기 시작하는 競馬들

성형수술로 주름 하나 없는 늙은 풋감들

* 요나스 요나손의 소설 '창 넘어 도망간 백세노인'.

空腹의 복

배 터져 죽을 번 한
한 재벌이
뱃속 가득 찬 구정물을
병원에서 쏟아내며
외쳤다고 한다
"福이여, 아- 공복空腹이여"

銓사장도
넘치게 배 채우는 일
이제 그만 하고
空腹의 福 한 번 누려보시라고
권하고 싶은데--
권할 길이 없다

거시의 거시기들

-巨市들, 인구는 사오십 년 전과
거의 같은데 많이 바뀐 것 같다
열 개 남짓하던 의원이 백 개가 넘는다
법률사무소도 거의 그 비율로
늘어났다고 한다

늘어난 것은 또 있다
많은 식당에서 수족관을 만들어
가사假死 상태의 고기들 많이 키우고 있다

가사상태의 고기들
많이 키우고 있는 곳은 식당만이 아니다
병원도 법원도 문화의 전당도 假死상태의
고기들 많이많이 키우고 있다

희수노인의 황혼악몽

무서운 市街戰이다
하늘에선 무쇠 독수리들이 불을 뿜어대고
땅에서는 거대한 무쇠 두꺼비들이 포를 쏘며 다가오고
무수히 날아오르는 비둘기들은 폭탄을 장착한 드론들--

"걸음아 날 살려라" 콩 볶듯 튀는 탄알들 사이를
죽어라 달리는데 폭격으로 박살난 동물원에서 호랑이
사자 늑대들이 미쳐서 달려온다
폭탄을 맞은 주변의 숲들은 불바다가 되어 밀려오고--

그러나 바둑판 지켜보듯 이 광경 흥미 있게 지켜보고 있는
리모컨들, 전쟁-대-로망들은 지금 시내에 있지 않다

도시에서 태어나 도시에서 평생 꿈을 키워온
한 喜壽노인의 황혼악몽이다

백수노인의 백주악몽

날로 심화되는 시기 질투 반목
날로 커가는 대형분노
잡을 길 없는 성-마름 신경질--

머지않아
우주 최대의 폭탄이 생길 것이다
타원형의 위성 폭탄
自轉 空轉하는 시한폭탄
오대양 육대주로 감싼 美星폭탄

이것이 폭파되면
칠십억의 인명이 일순에 사라지고
수성 목성을 닮은 돌덩이-별이
우주엔 또 하나 생길 것이다

白壽노인의 白晝악몽이다

까까중의 까?까?까?

내가 평생 먹은 쌀 몇 톤이나 될까?
내가 평생 마신 술 몇 섬이나 될까?
내가 평생 나눈 사랑 얼마나 될까?

살려고 먹을까? 먹을려고 살까?
배고프지 않은데 맛있게 먹을 수 있을까?
배고픈데 맛없이 먹을 수 있을까?
大國 大農들의 무진장한 쌀은
이런 것과는 관계가 없는 것일까?

늙은 호박이 늘어놓는 이런 너스레가
사실은 거시경제가 아닐까?
經世濟民의 기본원리는 돈이 아니라
물음이 아닐까?

까? 까? 까?만이 요즘의 무서운

범죄-경영-致富學, 질병-경영-치부학,
전쟁-경영-치부학, 신앙-경영-치부학--
이들 무자비한 致富경영학의 급성장을
막아줄 수 있지 않을까?

한 까까중이 맹숭 머리를 쥐어뜯으며
까?까?까? 하고 있다

| 제2부 |

사랑, 가나다라마바사

짝수 대회로

홀수에선
無數를 낳는 無의 기적
일어날 수 없다

짝수 대회로만이
상연爽然의 순열조합을 열어
무한생명을 빚어간다

'무한생명'이란 말
참말로 神通한 말이다
그 소리에 사방의 별들이
귀가 되어 몰려온다

우주의 처녀막

안개 아지랑이
우주의 처녀막

고운 山野에만 있지 않다

백조의 호수, 원앙의
여울목에만 있지 않다

높은 산 깊은 물
북극 남극의
온탕에만 있지 않다

개-버들에도 있다
개-꽃에도 있다
개-복숭아 솜털에도 있다

개미들의 사랑방에도 있다

남성의 화살촉

독사의 頭相을 닮았지만
하늘 땅 바다를 나는 화살촉이다
밭에선 씨가 되고 바다에선 알이 되고
하늘에선 날개가 되는 男性의 화살촉

쓰나미로 내륙 깊숙이까지 밀려온
바다조개 하나가 너무나 안쓰러워
한 사내, 화살 끝 붓으로
상처 난 女體를 정성껏 위로했단다

놀라운 일!

조개가 바다로 되돌아가려 하지 않자
바다가 그녀에게로 오더란다

결혼

오늘은
빈 독 채우는 날

천리향 만리향
꿀 이슬을
해와 달이 조히 받아
꽃-항아리에
꾹- 꾹- 눌러 담는다

찰랑찰랑 차오르는
오지항아리

이제 내일부턴
배가 불러오기
시작할 것이다

비에 앞서 오는 바람

비 온다 비 온다
뉴스만 계속될 뿐
연일 청청백일이다가
드디어 비 올 때 그 비
바람을 앞세우고 온다
젖은 듯 시원한
시원한 듯 포근한
바람을 앞세우고 온다

그 바람 속엔
비린내가 있다
바다 비린내 같기도 하고
產室의 비린내 같기도 하고

피 속을 씻는
하늘 비린내 같기도 한……

에너지 源

사막이 천국이다
무진장한 햇빛이 에너지이다

물구덩이 논밭이 천국이다
주체하지 못 하게 많은 물이
에너지이다

바람 잘 날 없는 들판이 천국이다
동풍 서풍 태풍 돌풍이 다
에너지이다

가장 큰 에너지 源은 배꼽 웃음

배꼽 속 내장에서 웃음이 일면
생명부지의 에너지가 무한히 솟고
그 에너지를 실어 나르는 고속도로가

가슴으로부터 머리로 확 뚫린다

全身 방방곡곡에선
엔돌핀 아드레날린 토파민 다이돌핀
생기충천의 호르몬들이 퐁퐁퐁 솟고……

볼우물

바람을 봐도 까르르
구름을 봐도 까르르
풀잎을 봐도 까르르
까르르 꺄르르……
웃음 풍선 타고 가는
야생 복숭아야

바알간 네 볼에
우물이 패이면
늙은 이 바위 속에선
석간수가 솟는다

사랑은 닮는 것

산을 사랑하는 사람들
산을 닮아간다
바다를 사랑하는 사람들
바다를 닮아간다
하늘을 사랑하는 사람들
하늘을 닮아간다

사랑, 가나다라마바사

사랑 너무 고답적으로 생각지 말자
각자 처지에 따라 다르다

두 끈이 닿을 듯 닿을 듯 안달이 난
아이들은 안 달(月)이 사랑이라 할 것이고
두 끈이 끊어질 듯 끊어질 듯 애닮는
아이들은 닮는 애가 사랑이라 할 것이다

온종일 축하인사에 시달려
먼 길 밀월여행에 시달려
눈꺼풀이 천근만근인 신랑신부는
빛보다 따뜻한 어둠이 사랑이라 할 것이고

배가 너무나 고파
배와 등이 맞닿을 지경인 남녀는
함께 맛있게 밥먹는 것이 이 세상 최고의

사랑이라 할 것이다

절벽의 石濤이 왕관보다 클 때가 있다
응달 한 자락이
로맨스 대폭발보다 클 때가 있다

가나다의 사랑이 있고 마바사의 사랑이 있다

라라라라의 사랑이 또 있다

꽃鍼 맵다

벌이 꽃에게 일침一鍼을 놓는다
"이 세상은 꽃 가꾸기에요
물을 주고 영양을 주고
햇볕을 주지만 시련도 줘요
홍수 가뭄 태풍 병마--
꽃들 건강하게 자라도록 하기
위해서지요"

꽃이 이침二鍼으로 맞선다
"이 세상은 꿀벌 키우기에요
벌들 멀리 날수록 날개 커지고
눈귀 커지고 머리 가슴 커져
희귀 꿀을 따지요
희귀 꿀이 희귀 생명을 키워요
멀리 나는 것 겁내는 벌은
벌 아니에요. 파리. 똥파리에요"

요로콤 매운 맛

비릿한 풋고추 고추장에 찍어
막걸리 한 잔 하다가
빨간 풋고추 날된장에 찍어
또 한 잔 하다가 '요로콤 매운 맛에
毒感 바이러스 물리치는 仙藥 있다'는
어떤 분의 말씀 문득 떠올라
요 매운 맛, 붓 끝에 담아
새끼들에게 줄 유서 한 장 쓴다

'하느님 감사합니다
요로콤 매운 맛 주신 것 감사합니다'
이 말, 알약처럼 하루 세 번 먹어라
엄청 좋은 약이다. 꾸준히 먹으면
癌 달라붙지 못 한다. 우울증 도망간다
불면증 어디로 가고 없다

비아그라

팔십 노인이 비아그라 사기가
좀 쑥스러워 우정 큰 소리로 말한다
"비아그라 열 개 주세요"

"비아그라 열 개요?"
나보다 더 큰 소리로 반문하는 의사
약간 빈정대는 말투 같다
밖에서 간호사들이 낄낄대는
소리가 들린다

다음번 사러갈 땐
나직한 소리로 말한다
"비아그라 열 개만 주세요
딴 데 쓸 것 아니에요
집사람과 나이 차가 많아요"

의사, 전과는 전혀 다르다

"열두 개 가져가시지요"
밖에 들리지 않게 속삭이듯 말한다

구슬과 공

누워도 구슬 앉아도 구슬
굴러도 구슬, 항상 한 모습의
구슬은 한 이름으로 족하다

그러나 공은 다르다
누워 있을 때의 공과
구를 때의 공 다르다
넓이-뛰기 할 때의 공과
높이뛰기 할 때의 공 다르다
어른의 손아귀에 있을 때의 공과
아기 손에 있을 때의 공 다르다

공은 한 이름만으론 안 된다
여러 이름이 있어야 한다

秋史처럼 또는 沙翁처럼

큰 주름 골진 곳들

각각의 이름으로 비춰줘야 한다

野獸와 귀신

둘은 다르다. 완전히 다르다

하나는 눈에 보이고
하나는 눈에 안 보인다
하나는 총을 쏘면 죽지만
하나는 총을 쏴도 죽지 않는다

그러나 같은 점이 있다

둘 다 빛을 무서워한다

캄캄한 어둠 속에서
저들을 만나 발발 떨다가
숨겨둔 비상등 확- 켜면
야수는 삼십육계 줄행랑을 놓고
귀신은 온데간데없이 사라진다

빛 한 끝만 잡고 있어도
저들 근접 못 한다

二月의 바닷가

二月의 바닷가
뻘밭이 아름답다

밀물 밀려올 때마다
무너지는 뻘 집 속에서
고막 바지락의 환호가 들린다
썰물 쓸 때마다
너른 뻘밭 열린 틈틈에서
짱뚱어 민챙이의 환성이 들린다

망망대해를 바라보며
망둥이가 삼단 높이로 뛰고 있다

꽃게가 뻘-대륙의 새 꽃이 되어
지나온 육지의 붙박이 꽃들을
아련히 뒤돌아보고 있다

〉

어디선가 곱사등의
바다가재 한 마리 나타나
바다 한가운데를 향해
황새처럼 걸어가고 있다

넝쿨손들

씨가 다르고 성이 다르고
宗이 다르고 教가 다르지만
크는 것 같다

뿌리와 우듬지의 교신이 같고
잎과 줄기의 교감이 같고
싹과 낙엽의 교향이 같다

꽃과 열매로 이어지는
느린 걸음걸이가 같고

보이지 않는 더듬이로
거미처럼
공중에 밭 일구는 것이 같다

하늘 가장 잘 나는 것

누가 하늘을
가장 잘 날까
황조롱이? 종달새?
바다제비?
아니면 비행기?
유도탄? 우주선?

"땅이 가장 잘 난다"

……?

하늘의 소리!

| 제3부 |

그림 '희로애락'

한가위, 어머니 송편

어머니가 빚는 한가위 송편은
보통 송편보다 컸다

당신의 작은 체구를
자식들은 닮지 말기를
간절히간절히 바라는 소원이
팥고물 속에 가득가득
차 있었기 때문이다

그 뜻 뒤늦게 안 팔십세 소년이
솔잎 자국 박힌 송편 먹으며
비적비적 운다

한가위 달 속에서
송편 빚는 어머니를
분명히 보았다며
칠십세 소년도 훌쩍훌쩍 운다

엄마의 또 다른 젖

일제말기 콩깨묵 옥수수
고구마로 연명하던 시절

밥투정하는 새끼들
무섭게 야단치시는 아버지

그럴 때면 어김없이 어머니의
구시렁거리는 소리가 들렸다
"더 잘 먹이지는 못 할망정--"

그 구시렁거림 먹고 나 자랐다

가만히 생각해보면
나만이 아니다
이 땅의 많은 지아비지어미들이
엄마의 이런 입-젖을
먹고 자랐을 것 같다

엄마鏡

누님도 형수도 고모도
고생 많이많이 하고 가셨는데
왜 엄마만 고생 많이 하고
가셨다고 생각하는 것일까

막膜 같기도 하고
깍지 같기도 하고
탈 같기도 한 이 편견

40周忌를 맞아
촛불 사이로 다시 보니
편견이 아니라 거울이네

나를 가장 잘
비춰주는 시간의 거울이네

단맛 뜸들이는 찬바람

'마지막엔 찬바람이 단맛 뜸들인다
무수도 양파도 배추밑동도
가을 찬바람 맞아야 달콤한 매운맛 난다'

어머니가 평생 부르시던 노래이다

말년에 丹陽 丹楓을 닮아가시던
충주 누님이 열심히 부르시던 노래이다

腸癌수술을 받고
미움과 진통제로 연명하시면서도
자식들이 주고 간 용돈 꼬박꼬박 챙겨
어렵게 사는 친척들 이웃들 병문안 오면
그것 은밀히 나눠주는 재미로
남은 생을 사시던 95세 할머니가
즐겨 부르시던 노래이다

〉

'치매에 걸린 며느리를
지극정성 돌봤다'는 그 꼬부랑 할머니도
이 노래 즐겨 불렀을 것 같다

은빛 거짓말

나이가 드실수록
거짓말 많아진다
슬픈 자리에서도
아픈 자리에서도
민망한 자리에서도
거짓말을 잘 하신다

그러나 빨간
거짓말은 없다
단풍빛 거짓말
노을빛 거짓말

……은빛 거짓말

할머니의 추석

마른 논에 물 들어가듯
당신의 요리 맛있게
손주들의 입으로 들어가는 것
보는 기쁨이 큰 할머니

새벽잠도 설치고 허리 병도 잊고
소고기 등심, 떡-볶기, 오뎅-구이
골뱅이 무침 만들어놓고
솔잎 무늬 박힌 송편과 함께
이른 아침부터 손자손녀들 기다린다

'나이는 숫자에 불과하다'는
〈오늘의 운세〉*에
더욱 기분이 오르셔서
식사 뒤 손주들과의 윷판에선
할머니 소리가 젤일 크다

* 중앙일보 '오늘의 운세' 欄.

당산나무 주름살

성형수술로 얼굴
팽팽해진 늙은 꽃들이
화원을 누비고 있다
보톡으로 얼굴 탱탱해진
늙은 풋감들이
거리를 주름잡고 있다

돌아가신 할머니 주름이
새삼 그리워지는 계절이다
여름에는 부채 살 주름이 되어
대청마루 시원하게 하시고
겨울에는 화로-불 재가 되어
불씨 꺼지지 않게 하시던
할머니 주름살

당산나무 주름 같은

어머니의 어머니의 주름살이
새삼 그리워지는 계절이다

인생은 빈 칸 채우기

아이들은 숨박곡질을 좋아하고
어른들은 보물찾기를 좋아한다
왜냐하면 □□□

喜怒哀樂나무가 喜樂나무보다
아름답다. 왜냐하면 □□□

四寒三溫 아니다. 三寒四溫이다
왜냐하면 □□□□

관피아들 다 밉지만 덜 미운 사람
있다. 한구석에서 계속 울고 있는 사람

승용차의 모형은 거개가 물방개 모양이다
거머리나 지네 모양의 차는 없다
〉

이 세상에서 가장 큰 낚시는
물음(?)이다. 왜냐하면 □□□□□□□

빈 칸 채우는 재미로 인생, 지루한 줄 모르고
사신다는 한 노인의 퀴즈들이다

다시 병아리가 되는 늙은 수탁

아내의 젓가락이 열무김치를 집으면
내 젓가락도 열무熱無김치를 집는다

아내의 젓가락이 멸치볶음을 쫘대면
내 젓가락도 볶은 멸치를 콕콕 쫀다

아내의 손이 굴비 석화 갓김치로 향하면
나도 모르게 내 손도 그리로 향한다

늙은 수탁, 다시 병아리가 되는 것 같다
무조건 어미닭의 입질을 따르던
옛 버릇이 되살아난 듯

삼복 Y셔츠

지난 일요일 등산길에서
송아지만한 개가
유독 선생을 향해 무섭게
짖어댄 이유를 아시는지요

불볕더위 찜통더위
가마솥더위--견딜 수 없어
모두들 T셔츠 걸치고 있는데
선생만 Y셔츠 입고 있는 것이
눈에 밟혔던 것이지요

그가 짖어대는 소리 풀어보면
대략 이런 뜻이에요

'다들 팔 잘려 있는데
왜 형씨만 안 잘려 있소'

가창오리들

사랑이 없으면 짐이다
부모도 짐, 자식도 짐
형제 이웃 다 짐이다

갈수록 무거워지는 짐에 눌려
비틀거리고 있는
21세기 靈長들 머리 위로
가창오리 수십만 마리가
날아가고 있다

대륙이 정원인 양
바다가 호수인 양
멀리 가까이 나려다보며
삼삼오오 하늘무대 누비고 있다

양 날개 탱크엔 '사랑'

사랑-기름 가득가득 싣고

공기보다 가볍게 날아가고 있다

초록 요들송

'악어와 새우가 싸우면 누가 이길까'
아이들 사이에 논쟁이 벌어졌답니다

어른들 사이에서야
이런 것이 논쟁거리가 될까마는
아이들에겐 꽤나 큰 논쟁이 되었답니다
물론 악어가 이긴다는 의견이 많았지만
반대의견도 적지 않았다고 합니다

가령, '새우는 날로 번성하여
오대양육대주가 다 그의 집인데
악어는 날로 살터가 좁아들어 동물원이
그의 영토 전부가 돼가고 있지 않느냐'고
외치는 아이가 있는가 하면

'악어는 무서운 이빨로 살고

새우는 예쁜 꼬리로 살기 때문'이라고
요들송을 부르는 아이도 있더랍니다

평창 올림픽

열기 오기 패기가
자궁 속에서 和氣를 만나
무서운 탯줄
밤낮 없이 하늘을 당기더니
2018년 2월 8일
햇덩이 같은 달덩이가
우레 소리를 내며 탄생하네

얼음 하늘을 나는 별들

별들의 전쟁이 아니라
별들의 춤이다
자전이 공전이 되고
공전이 자전이 되는 하늘-춤!

요정들의 칼-발이
인류역사를 새로 쓰네

질경이

푸름의 憲章이
잎맥에 박혀
겨울 보리밭처럼
밟힐수록 속알
매섭게 큰다

외롭게 살지만
사랑의 얼개를
뿌리로 뻗혀
질량불변의 우주를
質經으로 산다

사과를 먹으며

사과를 먹으며
사과에게 묻는다

'너의 출신성분이 무엇이냐
네가 태어난 목적이 무엇이냐
너의 최대행복이 무엇이냐'

이상하다
이런 물음을 물으면
사각사각 바숴지는 소리 속에
사방의 사랑이
合水처럼 몰려드는 것 같다

무수한 角들이 부서져
원을 이루는 것 같기도 하고--

〉

이 이야기, 아담이브와
나누고 싶다

아파트 베란다 정원

두 평 남짓한 아파트 베란다 정원이지만
없는 꽃이 없다. 베고니아 랜디 풍노초
남천 수국 짱짱나무 곱향나무 보은대추
된장풀 만년콩 사방오리 산호수 엽실은행
섬뽕 송악 시로미 줄댕강 금강산돌배 흰등
취앙네 푸른구상……

뿐만 아니다. 죽은 나무 등걸을 타고
뻗어 오른 아스파라가스 줄기가 老莊의
머릿속 숲만큼이나 무성하게 뻗어 있다
죽은 고무나무 등걸을 휘감고 오른
아이비가 영하 십도의 추위에도 끄덕없다

풍노초와 베고니아 사이엔
손바닥만 한 나무 탁자가 하나 있고
그 위엔 수시로 찻잔 술잔이 올라앉아

정원주인과 꽃들의 만남을 주선해주고 있다

지하수가 없는 이 花盆 정원엔
상상력이 지하수이다
巨木들을 이 지하수가 키운다
거목들에게 없어서는 안 될
물소리 새소리를 이 지하수가 불러온다
물소리 새소리에게 없어선 안 될 蒼空을
이 지하수가 솟게 한다

정원 이름도 갖가지……
'Country Garden'이라 부르는 이도 있고
'대공원'이라 부르는 이도 있고
'두 뼘 찻집'이라 부르는 이도 있고
'고래 뱃속'이라 부르는 이도 있고--

그림 '희로애락'

喜 怒 哀 樂
따로따로 떨어지면
토막 난 몰골이지만
하나로 이어지면
한 폭의 아름다운
동영상 그림이 된다

유행 지나면
김빠진 맥주가 되는
詩는 가라
寒風에 돌덩이가 되는
시도 가라

희로애락이
大花園이 되는
魂의 시여 오라
靈의 시여 오라

| 제4부 |

고구마 君에게

잇몸 간지러운 아가에게

산소의 강풍에
촛불 매섭게 솟듯
자연의 칼날에
호랑이 사자들
매섭게 이빨 세운다

아가야
잇몸이 간지러우냐

매서운 이빨이
돋아오르는 모양이다

食道炎으로 고생하는 아우에게

食道, 너그러운 만치 엄하다
뜨거운 것 차가운 것
그냥 통과시키지 않는다
짠 것 매운 것 쓴 것
타액唾液의 세례 많이 받고 들게 한다
준비 안 된 것들이 입구에서 미적대면
가차 없이 '吐'자 붙여 되돌려 보낸다

그러나 입속에서 맛있게 바숴져
춤추며 胃宮으로 향하는 것들에게는
"어서 오시라" "어서 入宮하시라" 하며
열락의 길 확- 열어준다

식도염으로 고생하는 아우야
食道의 뜻 조히 받아 食道樂의 길
즐겁게 가라

안 그러면 염炎이 암癌이 되어
염라대왕의 호출이 빨라질 수도 있다

분만실의 아가들에게

심청이 삼킨 바다
피난민 억수로 삼킨 바다
불측지연不測之淵의 시퍼런 바다
무섭기만 하더니 난파한 어선이
어초魚樵가 되기도 하는구나

폭풍 큰 날개 밑에선
큰 고기들이 짝짓기를 하고
햇살무늬 부신 부화장에선
새끼 고기들이 햇살만큼이나
많이 쏟아져 나온다

기쁜 소식 전하는 갈매기가
해풍을 타고 날아오르는 곳
생미역 비린내가 바다 產室을
가득 메우고 있다

〉

청람빛 바다에 막 돛을 올린
아가들아, 귀를 기울여라
만경창파가 만 줄의 絃이 되어
너의들을 맞고 있다

20층 아파트에 사는 강아지에게

꼬리 살랑살랑 흔들며
사람들에게 다가올 때 너
강아지 아니다

이십층 아파트 아줌마가
쓰레기 들고 나려올 때면
너도 졸랑졸랑 따라 나려와
아줌마가 쓰레기 치우는 동안
너는 꼬리 털 빗자루로
공중의 악취 털어내는 것
6층 할아버지가 자주 본단다

맞다. 너, 강아지 아니다
수례바퀴! 우주의 수례바퀴이다

첫눈 오던 날 참새들

백설분분에 걱정이 태산인데

너와 너의 집 꼬마, 백설만만에

즐거움이 만만만인 것을 보며

한 백설할아버지의 백발이

춤추는 것을 나는 보았다

철야근무 하는 뇌에게

자는 동안에는 쉬는 줄 알았더니
자면서도 일을 하는구나

꿈길 열어 생시보다
더 멀리 뻗어가기도 하고
무의식의 깃을 펴 무중력의
세계를 날기도 하고

어떤 때는 심신의 잡것들
깨끗이깨끗이 청소해주며
꼬인 것 풀어주고 막힌 것 뚫어주고--

뇌야, 철야근무 하는 뇌야
미안타. 그런 너를 몰라보고
그간 무심했던 것 사죄한다
깊이깊이 사죄한다

舌형에게

눈엔 눈만 있지요
코엔 코만 있고
귀엔 귀만 있지요

그러나 입은 달라요
밥 먹는 입이 있고
말하는 입이 있어요

밥과 말을 함께 씹으며
맛과 멋을 공히 음미하는
세치의 거인이 있어요

舌兄, 왜 혀를 千 개의
입(口)이라고 했을까요

사람의 화복
혀에 있지 않을까요

泄전무에게

평소엔 있는 듯 없는 듯 하다가도
잠입한 세균들이 일 벌리려 하면
즉시 발동, 놈들을 쫙- 문 밖으로
쓸어내는 설사 고맙다

과식했을 땐 무거운 짐 반 쯤 덜어내고
半만 안으로 들이는 半설사도 고맙다

변비가 모세혈관 요새를 막아 두통이 일 땐
물컹한 철사로 누런 고집덩어리
확 뚫어주는 통변通便도 고맙다 고맙다

그대는 重役 중의 중역
다른 중역들이 그렇게도 싫어하는
구린 일을 묵묵히 충실히 잘도 해낸다
〉

그런 것도 모르고 그간 그대 하시했던 것
사죄한다. 깊이깊이 사죄한다

지난여름
상한 조개 먹고 패혈증으로 간 J선생
그대가 빨리 출동했더라면
그렇게 가시지는 않았을 것을……
생각하면 重且大한 그대의 역할
말로 다 표현할 길이 없다

치주齒主들에게

스믈 네 공이 齒牙
살맛 찧어내는 방아입니다
찧는 만큼 살 맛 나고
찧는 맛이 세상 시름도
찧여냅니다

오곡백과 맛있게 찧으며
五福 이끄는 방앗공이를
푸대접하면 큰 벌 받는다고
태고의 경전에도 쓰여 있건만
無智하게 무심하다가
큰 코 다치는 齒主들 많습니다

耳順도 못 되어 本齒 잃고
義齒에 빌붙어 살며

죄진 것도 없이
젊은 의사 앞에 절절 매는
늙은이들 많습니다

나도 그 중의 하나입니다

孤군에게

식물이 쏟아놓는 배설물이
동물에겐 산소가 되네
동물이 쏟아놓는 배설물이
식물에겐 진수성찬이 되네
이렇게 좋은 자연을 뒤집으면
연자가 되네

연자방아 도는 내력 들어봤는가

시쉬포스Sisyphus처럼
연자방아 끝없이 돌리는
囚人 신세 되지 않으려면 자연과의
戀戀한 관계 끊어선 안 되네
우리 몸속엔 자연만물이
들어있지 않은가
자연과의 純愛가 至福으로 가는

길이란 말도 있지 않은가

더 자세한 것은 꿀벌들에게
우리 한 번 물어보세

자네를 회색구름 속으로 끌고 가는
그 병, 孤獨이 아니라 孤毒 같네
나도 한때 그 병으로 혼이 났네

아내에게

요즘 당신의 잔소리가
家國의
헌법처럼 느껴질 때가 있소

과음 못 하게 하는 것
맛없는 비타민
억지로 먹게 하는 것
하기 싫은 목욕
자주 하게 하는 것--
간섭이고 억압이고 규제지만
늙은 국토
잘 지켜주고 있지않소

"무리하지 마세요"
"체통을 지키세요"
이런 무례한 명령문도

돌려 생각해보면

헌법전문에 들어있는 것 같소

이슬이에게

신기한 물이다
보통 물은 한 컵도 버거운데
이 물은 세 컵을 마셨는데도
더 들어 오란다
디오니소스가 즐겨 드시던 물
'창 넘어 도망간 백세 노인'이
즐겨 마시던 물
論介를 사랑한 樹洲가 좋아하던 물
먹어도먹어도 물리지 않는 물

걔 말대로 '썩은 물'인데
왜 물리지가 않을까

이제야 알겠다
걔가 나를 좋아하지 않는 이유를

〉

개(犬)는
신기한 물을 좋아하지 않는다
빤한 물만 좋아한다

이슬아, 그 물 너무 욕하지 마라
그 물로 내 밴대기 속, 바다 될 때
이슬 같은 인생 물음 많아진다

얼굴 리모델링하려는 손녀에게

이 세상에 하나 밖에 없는
너의 얼의 집이다
칼 대기 전에
本來相 다시 한 번 봐라

밥을 먹고 말을 하는 입

냄새와 소리를 영입하는
빨대-코 빨대-귀

현미경이다가 망원경이다가
첨망경瞻望鏡이 되는 눈

빛의 장파와 神의 단파가
교유하는 머리

〉

등걸만 보지 말고 열매도 보자
육안 넘어 영안으로 가는 길을
함부로 허물지 말자

住형에게

陸 海 空
春 夏 秋 冬이
다 사람의 집이에요

움직이는 것
다 사람의 집이에요

언어도 사상도
다 사람의 집이에요

住형, 아무리
호화스런 집일지라도
붙박이 집에
살지는 맙시다

고구마 君에게

高군 具군 馬군

군들을 만나면
숨겨둔 인생 이야기를
나누고 싶은 충동을 느끼네

아무래도
젊음의 골자기에
수류화개水流花開가
많기 때문 아니겠는가

특히 은유로 나누는
詩 이야기가
은근하고
은밀하고 끈끈해서
'우리' 和力이 크네

小頭病에 걸린 왕에게

날카로운 이빨로
무엇이던 오래 갉아먹는
쥐의 채신머리없는 식사법을
나무라지만 마시고 그의 입장에서
그처럼 한번 들어보시면 어떨지요
뜻밖에 새로운 맛을
맛보게 되실지도 모릅니다

제 몸통보다 더 큰 것을
통째 입에 넣고는
천천히천천히 삼키는
뱀의 미련스런 식사법을
책망만 하지 마시고
그의 입장에서 그처럼 길게길게
한번 삼켜보시면 어떨지요
〉

하나도 버릴 것이 없는 온 맛
입이 찢어질 정도로 큰 맛을
경험하게 되실지도 모릅니다

짐승들은 이런 맛 모릅니다
맹꽁이와 폭군도 易地思之의
이런 큰 맛 모릅니다

천지현 孃에게

태양계 별들이 모두
빈 별이라는 것이 나는 무섭다
나무가 무성할 것 같은 木星에
큰 회오리바람만 있다는 것이
나는 무섭다

은하계에서만도 지구 크기만 한 별이
십칠억 개가 있다는데 그것들이 다
不毛의 별일지도 모른다는 것이
나는 무섭다

달에서 지구를 보면
영롱한 보석-알로 보인다는 것이
나는 또한 무섭다

千양아 池양아 玄양아 우리

아무렇게나 살면 안 될 것 같다

喜樂공주를 좀 보아라
喜와 樂만 누리며 화려하게 살더니
말년의 화려가 비참하기 그지없다
怒 없는 喜怒哀樂나무
喜樂이 다 哀가 된 것 같다